**eu tenho
sérios
poemas
mentais**

eu tenho sérios poemas mentais

pedro salomão

"Poeta é bicho que voa
Sem tirar os pés do chão
É quem sente com a mente
E pensa com o coração
Viva a força da poesia
Viva Pedro Salomão"

Bráulio Bessa

Quando você ama minhas ideias,
Eu me sinto também abraçado.

UMA CRISE A MENOS, UMA CRISE A MAIS

Antes de mais nada, eu gostaria de pedir licença ao seu coração, pois sinto que a relação que vamos criar a partir de agora é muito forte. Eu escrevi neste livro poesias sobre os lugares mais íntimos em mim, aqueles lugares tão profundos que até eu mesmo só consigo visitar às vezes... Estou me apresentando para você como sou, sem rosto, sem voz e sem cheiro. Apenas ideias. E tudo o que sou são ideias.

Neste momento, uma voz está lendo estas palavras em sua cabeça, dentro da sua imaginação, e já não é mais a minha voz. Eu não sei como ela é, mas espero que seja doce e suave. Seus pensamentos estão dançando com os meus, e já não sei mais onde eu termino e você começa, e esta é a relação mais íntima que eu já tive com alguém. **Obrigado por estar aqui.**

Percebi que é muito natural para mim escrever poesias sobre crises existenciais. Na verdade, quando tento explicar o que estou sentindo, isso já vem em forma de poema. É próprio da poesia não precisar fazer sentido, não precisar seguir regras rígidas de ortografia – acredito que a poesia seja o erro da linguagem. Por isso, somos tão poesia, porque ela é o que somos, liberdade, maluquice e incoerência. A poesia é a crise existencial das palavras.

E este livro é sobre isso, sobre tudo o que a gente tenta esconder dos outros, sobre os sentimentos que fingimos não ter ou dos quais temos vergonha de falar, sobre os pensamentos confusos que se emaranham como linhas em nosso coração e não conseguimos desatar. Este livro é sobre o lado oculto de nós, o lado que ninguém sabe que temos (ou só as pessoas mais íntimas). Espero que, no decorrer de sua leitura, seu coração se sinta representado por minhas palavras e, mesmo que eu não possa preencher seu vazio, que pelo menos eu o tire para dançar.

Já sofri muito com minhas crises existenciais, ou o que hoje chamo de "meus poemas mentais", mas a vida foi me mostrando que aqueles monstros enormes que a gente cria na nossa cabeça estão mais ligados à nossa imaginação fértil do que a problemas de fato.

Escrever sobre o que eu estou sentindo me ajudou muito a compreender minhas inseguranças, minhas culpas, meu sentimento de insuficiência. E poder compartilhar esses escritos com você é muito especial, pois sinto que estou dando um propósito para essas crises que, até então, tinham sido tão pesadas e sem sentido. **Ou seja, uma crise existencial a menos para mim.**

Eu gostaria muito de conhecer você, saber seu nome, seus amores perdidos, suas saudades, saber onde você está lendo este livro, o nome do seu animal de estimação, o nome da professora que te ensinou a ler... Torço para que um dia possamos tomar um café juntos... caso eu ainda não tenha morrido. **Pronto, uma crise existencial a mais para mim.**

Confesso que, quando fui convidado pela editora para escrever um livro, não me sentia capaz. Assim como nunca me senti capaz de escrever uma poesia sequer, e escrevi. Ainda não me sinto capaz de nada disso. Na verdade, não me sinto suficiente para ser quem eu sou.

A insegurança é meu fantasma, mas um fantasma é só um fantasma, não é mesmo?

Vivo como pessoa e ainda não me sinto plenamente pessoa como são as outras pessoas que vejo. Eu poderia conquistar o mundo e, ainda assim, me sentiria insuficiente para ser aceito num grupo de amigos normais.

Quando tenho vontade de fugir,
Deito só e fico horas olhando para o teto
Sinto que vou desaparecendo aos poucos
Até sumir.
Às vezes, eu deixo de existir
Para conseguir sobreviver.

Na maioria das vezes,
eu sei a resposta dos meus problemas.
E um abraço é o único conselho que eu preciso.

Uma árvore não é só luz do Sol.

Ela passou pelo adubo,

Pela chuva,

Pela seca,

Pelo vento,

Pelo medo de não conseguir crescer.

Talvez alguém a tenha arrancado do chão quando estava no meio do caminho...

Mas ela conseguiu alcançar a terra com suas raízes de novo.

Ela é todo o processo que levou para ser o que é.

Tudo tem seu papel no nosso amadurecimento.

p.s. Cada planta cresce no seu tempo.

Não precisa ter medo de fracassar.

O sucesso é um fracasso que deu certo.

Ansioso ou entusiasmado

Apaixonado ou desapegado

Autoestima incrível ou se sentindo uma batata

Querer a multidão ou querer ficar no quarto...

Nosso coração é mais pêndulo que linha reta.

A vida é um pêndulo que caminha.

Mentir
é fazer uma dívida
com o tempo.

Quando eu leio um pensamento que me toca muito, fecho os olhos imediatamente para as ideias não fugirem!
Ergo a cabeça e espero aquelas palavras irem adentrando vagarosamente em mim, como quem pinga remédio no nariz para desentupir as vias aéreas.
Pronto, agora **aqueles pensamentos fazem parte do meu organismo,** e eu respiro de fato melhor.

p.s. A poesia me ajuda a respirar fundo.

Percebi que, se não estou **desesperadamente tentando ser feliz,** é porque evidentemente já sou.

Se a religião e a filosofia,

e todas as outras certezas do mundo

nada fazem senão me distanciar de minha própria natureza,

fico com a poesia,

Que faz de mim o próprio barro confuso que sou.

Ele pensou que ela fosse uma donzela,
presa na torre mais alta.
Mal sabia que ela era dona do castelo,
do dragão
e de si mesma.

O frio na barriga vai até aqui
O encanto vai até ali,
A paixão vai até acolá,
E o amor vai até o fim.

O frio na barriga vai até a primeira conversa.
O encanto vai até o primeiro beijo forte.
A paixão vai até o primeiro sexo.
E o amor vai além da primeira morte.

E por não terminar uma coisa quando precisava terminar, muitas coisas que podiam começar não começaram.
**Só quem consegue terminar
pode continuar.**
Às vezes, parar é seguir.

Que fazem os gatos além de existir,
e simplesmente existir?
Por que temos nós que pensar?
O ser humano é um animal
que tem crise existencial.

Amar é uma perda de tempo.

Mas o tempo é mesmo para ser perdido.

Ainda tem muita coisa linda para acontecer na sua vida.

Eu sei que parece óbvio...

Mas a poesia serve para nos lembrar das coisas óbvias da vida,

Aquelas coisas que, de tão óbvias, nós esquecemos de pensar.

O que em mim sou eu?

Se cada dia penso algo diferente,

Por que deveria acreditar

Que sou o que penso ser?

Me conheço na medida em que me faço.

Ninguém precisa de poesia

Mesmo depois que inventaram a lâmpada, com cada vez mais tecnologia, nunca paramos de produzir velas. Por que a vela não se tornou obsoleta?

O que existe na vela que a faz tão significativa aos nossos olhos? Sem dúvida, uma invenção ainda mais moderna surgirá e a lâmpada deixará de ser fabricada, mas acredito que a vela persistirá em nossa sociedade para sempre.

Ninguém precisa de vela. Assim como ninguém precisa de poesia. **Ninguém precisa de poesia.** Mas, então, por que ela existe? O que existe na vela que também existe na poesia, que faz dela necessidade sem que de fato necessitemos?

Talvez seja o risco de queimar o dedo, ou a dinâmica da chama que ilumina de forma irregular, o calor que ela emite, ou o fato de ela derreter em si mesma. Acho que existem na vela e na poesia verdades que nunca saberemos decifrar.

Temos o sentimento de que, se algum dia a tecnologia falhar, a sociedade moderna entrar em colapso ou faltar energia elétrica, ainda teremos as velas guardadas na gaveta para sobreviver e voltar às nossas origens. Acho que a poesia nos dá essa segurança também. **Quando a tecnologia tomar conta das relações humanas de modo a confundir o que somos e esvaziar de nós o cheiro de pessoa, voltaremos à poesia.** A poesia é a segurança de sermos o que somos. O erro, a gargalhada fora de hora, o soluço, os ciúmes, o abraço, o chupão no pescoço.

A vela e a poesia estão ali, sempre estiveram ali e sempre estarão ali. Elas fazem parte do que somos. Não existe pessoa sem fogo, não existe pessoa sem vela, não existe pessoa sem poesia, ainda que não consigamos entender o porquê.

Sua influência
Me dividiu
Em **antes e depois.**

Tirei uma foto das nuvens do céu.
Depois de três minutos, olhei para cima e percebi que as nuvens já estavam totalmente diferentes.
É incrível como o céu é puro movimento, nada nele é estático.
Penso que em meu coração também transitam nuvens, cores e formas.
Eu sou uma transição ambulante.
Aprendi a me olhar no espelho e me sentir plenamente eu,
feliz em quem estou me tornando,
mesmo em meio a mudanças e incertezas.
Assim como o céu,
eu não sou,
eu estou acontecendo.

Minha ansiedade faz qualquer compromisso ser
Apocalíptico
Qualquer comentário ruim a meu respeito ser
Catastrófico
Qualquer pensamento ser
Caótico.
Eu queria entender que imprevistos não são
Tragédias.

Enquanto as pessoas lutam umas com as outras
para defender seu próprio conceito de paz,
eu prefiro sair do ringue e ir respirar lá fora.
Eles que se matem pelos seus ideais.
Meu valor é ser.
Minha expressão é agir.
Existe o bem e o mal
eu sou todo o resto.

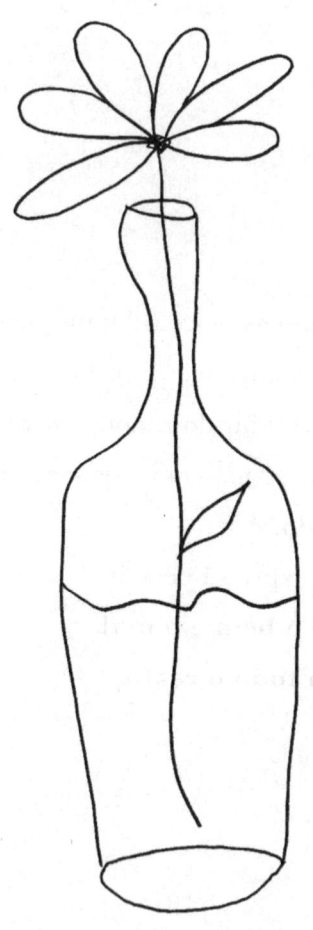

Todo perfume é de maioria água.

Todo veneno é de maioria água.

A alma é a água que somos,

Vai de nós a essência que colocamos.

Tem noites em que minha alma não tem pele.
Tudo arde.
Tudo queima.
Tudo dói.

Perdi tempo demais procurando o sentido disso tudo.
Já que a vida não tem sentido,
que pelo menos ela tenha graça.

p.s. Pensei enquanto brincava com uma criança no Hospital do Câncer.

Eu não aguentava mais aquela falação.

Era como se dentro de mim houvesse uma multidão falando ao mesmo tempo, como em uma praça de alimentação de shopping.

E tudo ao meu redor era pesado.

Os palpites das pessoas sobre meu cabelo, sobre meu jeito de ser e me comportar soavam como ofensas pessoais.

Eu precisava sair da sala vez ou outra para ouvir o barulho do silêncio.

Aprendi que não importa onde você esteja, você sempre estará a dez minutos de caminhada de um lugar tranquilo.

Eu sempre sumia. Sempre saía. Sempre fugia.

Isso me fez perceber que o inferno é externo

E o eterno é interno

Eternamente.

Grãos de areia e pequenas mágoas

Eu tenho muita dificuldade de assumir que algo está me incomodando. Acho que faz parte do sentimento de insegurança e de se sentir um peso para os outros. Já perdi pessoas por não ter dito que algumas atitudes delas estavam me ferindo, quando estavam, só para não incomodar.

Vou deixando acontecer, vou fingindo que não ligo, vou deixando passar como pequenos grãos de areia na água, mas isso vai se acumulando em algum lugar em mim, até que fica pesado e eu explodo e me afasto.

A gente deveria falar quando algo não nos agrada, para filtrar esses grãos de areia e ter relações mais leves, mas é difícil para mim assumir, tenho medo de ser... Não sei. Tenho medo de alguma coisa.

Vou me deixando ferir, mas ninguém consegue se deixar ferir por muito tempo. Sei que se afastar é cômodo e egoísta, **mas eu sou fraco**, e quando tiro a pessoa da minha vida é como se jogasse fora um pequeno punhado de areia, e me sinto de fato melhor, mas ainda sobram alguns grãos de mágoas.

Só que isso tem muito mais a ver com minha fragilidade e dificuldade de lidar com meus sentimentos do que com as coisas que a pessoa realmente fez. Por não saber lidar comigo, acabo não sabendo lidar com os outros. Se eu tivesse coragem de assumir que aquelas pequenas atitudes me entristeciam, não teria essas pedras no rim, e **talvez** ainda teria aquela pessoa para mim.

Eu virei poeta por acidente.

Acidente de carro, para ser mais exato.

18 de março de 2014.

Foi quando eu virei Poeta
E ele virou
Poesia.

p.s. Caio Shiru.

O vento da liberdade bateu tão forte em minha bandeira, que ela voou
e **virou passarinho**.

Meditei a noite toda no telhado
Eu vi um cachorro mijando no poste,
Uma sacola de mercado voando perdida na rua
E um motoboy acelerado que passou e não me viu
E isso já fez tanto sentido quanto qualquer outra coisa na minha vida.

Não pode ser fiel quem não sabe o que quer.
Pois seria a pessoa fiel a quê?
Ninguém é fiel a nada senão a si mesmo.

Até que eu de fato viva,
estou sempre morrendo.
Até que eu morra,
estou sempre nascendo.

O silêncio é Deus **cochichando.**

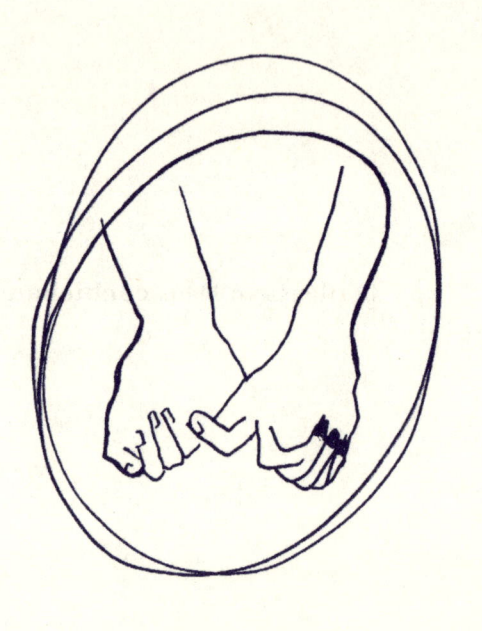

Beijar, qualquer um beija.
Flertar, qualquer um flerta.
Mas o **carinho de dedo**
É só com a pessoa certa.

Eu tenho certeza de que **a certeza é o placebo da alma.**

Eu sou feliz pela possibilidade de ser.
Sou feliz em poder ser triste, sou feliz pela escolha.
Por ter chorado, por ter podido chorar, e chorei.

A vida é tão boa que te dá a possibilidade de não gostar dela.
Eu sou feliz porque posso ser!

Não falo como poeta, nem como palhaço,
E tampouco como pessoa...
Falo como alma!

Alma que é viva, e por ser viva, é alma!
Obrigado a quem quer que seja.

A PERGUNTA MAIS IMPORTANTE DE TODAS

— Você é feliz?

Somente quando fazia essa pergunta aos meus aluninhos de teatro da Assistência Social ou da Apae ouvia a resposta "Sim" ou "Não". Sempre que faço essa pergunta para um adulto, recebo uma resposta quase grosseira que busca camadas mais profundas em sua interpretação. A pergunta é simples e direta, diria até que é boba, e deveria ser a pergunta mais importante da nossa vida.

"Mas o que é felicidade?", "Ninguém é feliz todo dia", "Eu tenho momentos felizes, mas ninguém é feliz de fato o tempo todo" são as respostas que me dão, como se os tivesse colocado contra a parede. Calma, gente. Respira. Vamos conversar. Eu sei que, apesar de não responderem à minha pergunta, essas frases fazem sentido, mas eu sinto que nós buscamos relativizar a felicidade como uma tentativa de fugir da resposta.

É fato que "ser feliz" é uma interpretação, um ponto de vista, praticamente uma conceituação filosófica. Mas, então, porque minha aluna de oito anos consegue responder quando pergunto:

— Você é feliz?

Acredito que ela tenha entendido minha pergunta. Nós que fazemos questão de dificultar. É inteiramente possível que aceitemos essa pergunta do mesmo modo que fazíamos quando ainda tínhamos medo de escuro. Como se pudéssemos deixar de lado, ainda que por um segundo, toda essa nossa capacidade intelectual de fazer profundas análises filosóficas das coisas, e responder imediatamente a essa questão tão simples e essencial. O mais alto grau de complexidade é conseguir ser simples.

Também é fato que ninguém tem a obrigação de ser feliz, e que não podemos ser tolos a ponto de acreditar que é possível viver uma vida isenta de tristezas, frustrações e fases ruins. Eu frequentemente passo por profundos e silenciosos invernos na alma. Mas a questão também não é essa. Eu trabalhei tempo o bastante como palhaço no Hospital do Câncer para perceber que as circunstâncias podem **ou não** nos fazer amar menos a vida.

Para resolver este problema, proponho uma solução! Não vou te perguntar se é feliz, vou simplificar. Responda sem filosofar demais:

— **Você gosta da sua vida?**

No fim, essa é a única pergunta que importa.

Eu sei do que se trata a saudade.
Eu conheço seu gosto de "perdi a fome",
Eu já senti seu cheiro de passado.

Eu sei do que se trata a saudade,
Antes, eu sabia só de ouvir falar,
Mas quando você se foi, eu pude conhecer pessoalmente o vazio.

Eu sei o que é achar que o fim chegou antes da hora.
Eu já tive que engolir o ponto-final.

A saudade é como uma garrafa sem água na geladeira.
E não tem onde encher,
E vai continuar vazia.
Para sempre.

Eu tentava sempre acordar um pouquinho melhor que ontem.
Um pequeno passo, todas as manhãs.
Por mais que fosse uma melhoria quase invisível,
porque quando se está muito mal,
o menor dos sorrisos já salva seu dia.
E se algum dia eu não melhorasse um pouquinho
e talvez até desse um passo para trás,
tudo bem também.
O fato de aceitar meu coração
e não ficar bravo comigo
já era o avanço
daquele dia.

p.s. Olhe para trás e veja o quanto já caminhou!

Você prefere o barulho ou o silêncio?
Eu tenho gostado do barulho, logo eu, que sempre fui apaixonado pelo silêncio...
Escrevi tantas poesias para ele.
Gosto do barulho das pessoas conversando em rodas, da televisão do quarto ao lado, gosto do barulho da minha alma conversando comigo.
Antigamente, até o som das rodas no asfalto
me incomodavam.
O silêncio é a música que Deus escreveu para nós.
Nada mudou no silêncio, nada mudou no barulho, o que será que mudou em mim?
Eu gosto de perceber que mudei.
E gosto mais ainda de perceber que estou mudando.
Quanto ao silêncio, obrigado por estar lá sempre que precisei me encontrar.
Se algo acontecer, voltarei a ti.

Todo mundo é cheio de falhas
E inseguranças que ninguém vê.
**Não sinta como se todo mundo fosse fácil
de ser amado menos você.**
Isso é ilusão,
Erva daninha do coração.

O que na Poesia é Poesia?

Eu poderia tentar explicar a poesia com sua definição na literatura, mas deixe isso para os professores. Assim como entendo a fé, eu prefiro entender a poesia como uma experiência pessoal. Não me sinto em posição de definir ou institucionalizar uma relação tão íntima como essa, como a da pessoa com as palavras que visitam seu coração.

Além disso, se eu tentasse explicar o que é a poesia, estaria esvaziando-a de sua característica mais primária, a pessoalidade. Toda poesia é escrita no coração de quem a lê, o poeta é apenas um amigo da alma alheia. Neste livro, meu desejo não é trazer explicações, respostas ou orientações como fazem todos os textos chatos do mundo. Quero lhe proporcionar uma experiência, um encontro, um mergulho em sua própria confusão.

Quando eu pego um papel e uma caneta (azul, de preferência), não tenho a pretensão de escrever poemas, meu único desejo é sangrar. Não é um exercício literário; para mim, é uma experiência humana. Eu escrevo para tomar banho de chuva, não para tentar explicá-la. Enquanto eu escrevo, estou explodindo, estou transbordando, estou escorrendo; só depois do ponto-final isso se torna poesia, durante a escrita, é meramente ferimento. A poesia é o devir do sentimento.

Isso acontece também quando estou lendo poesias: não o faço para ter uma experiência acadêmica, como quando leio um texto científico, leio a poesia para voar! Mais do que entendê-la, quero sentir como se alguém me apresentasse para mim mesmo, pois eu me reconheço mais na poesia que no espelho. **Se a poesia não me der um soco na cara, não foi sensível o suficiente.**

Sinto até uma estranheza quando sou convidado a declamar minhas poesias em palcos, porque acredito que **eu só sou**

artista na solidão. Quando estou em público, estou interpretando, estou tentando ser. A arte precisa de intimidade, por isso, dê valor a quem mostra para você as coisas que escreve, **despir a alma é mais íntimo que despir o corpo**. Em público, nós temos vergonha, e a vergonha é inimiga da arte.

Mais do que ser lido, eu escrevo para ser livre.

Enfim, a poesia só é poesia depois que a sinto. **Depois que escrevo. Sou poeta, enquanto escrevo, sou um louco.**

Quando eu falo coisas sobre mim
Não estou só falando sobre mim
Estou também reforçando aquilo em mim.

Muito do **que sou se construiu em minha personalidade** porque fiquei repetindo aquilo cotidianamente em meu coração.

Se entendo que o que falo a meu respeito retroalimenta o que sou, percebo que **sou a construção e o próprio construtor.**

E eu tenho certeza de que você é muito mais incrível do que o modo como se descreve para os outros.

Só quando sei que também estarei sozinho amanhã,
me sinto sozinho hoje.

Esfriou.
Quando você dizia:
"Também te amo"
era uma explosão.
Mas acabou virando
puro vício de linguagem.

Como faz para organizar a vida
se estou no meio de um furacão?
Eu espero o furacão passar?
Eu luto contra ele?
Não sei.
Estou cansado.

Quando eu quero conquistar alguém, faço questão de mostrar minhas mais profundas filosofias sobre a vida e minha paixão pelos mistérios da natureza. Mas no fundo busco uma pessoa que ainda tenha interesse em mim quando eu estiver falando sobre **o superpoder que eu queria ter e o pedido que faria se encontrasse uma lâmpada mágica.**

p.s. Superpoder que eu queria ter: voar.

p.s.² **Pedido que faria ao gênio da lâmpada: Que você esteja amando este livro.**

Você sempre coloca as outras pessoas na sua frente, sempre está disponível para ouvir, amar e resolver os problemas delas antes dos seus. Mas esquece que **dentro de você também tem alguém que merece cuidado, carinho e atenção.**
Se priorizar às vezes não significa ser egoísta, significa que você sabe que, para ajudar os outros, você também precisa estar bem.

Meu travesseiro conhece todos os meus segredos.
E mesmo assim me dá colo.

"E esse cabelo aí?"

"E essa roupa estranha?"

Ninguém precisa dar explicações ou satisfação do que se é.

Simplesmente, é.

E quem quiser que se vire para tentar entender a personalidade alheia.

Se você é uma pessoa que mergulha fundo
nas experiências da vida
E não gosta de se entregar pela metade
Deve se acostumar com os comentários
maldosos que dizem:
"Isso é só uma fase"
Pois afinal
O que no Universo não é?

"Ela é interesseira"

Dizem as pessoas que não têm nada de interessante.

Dizem que sou de fases, de lua.

E gosto dessa ideia.

Me sinto mesmo como a lua, amo meus ciclos.

Pego fotos antigas e consigo me lembrar das constelações que me cercavam, da luz que eu refletia ou da luz que se ausentava.

Ora lua cheia, ora noite sem lua.

Quando o ciclo se fecha, mudo o cabelo, troco os móveis de lugar e me apresento de novo para mim.

Tantas noites se fizeram em meu céu.

Eu gosto mesmo é de ser de lua.

O sol é sempre igual,

Eu, não.

Tome cuidado com as pessoas que te trazem más notícias com um sorriso no rosto.
Se a gente começa a perceber essas coisas,
fica fácil saber quem realmente quer ver a gente bem.
Se cerque de pessoas que fazem uma crítica a cada dez elogios.

Sinto que não mereço as coisas boas que recebo da vida
E isso me pesa às vezes.
Mas, no final, ninguém merece coisa alguma.
A gente ganha o direito de nascer sem ter feito nada.
**O que importa é que a gente tenha o coração grato,
e isso já é o suficiente.**

Ficar em cima do muro é adiar a vida,
e a vida não pode ser adiada,
O muro da indecisão tem pregos
e machuca a bunda da gente.
Pondera, empodera e pula.

p.s. Eu adoro o sorriso das pessoas quando leem a palavra "bunda".

A pessoa que se acha grandiosa
olhou pouco para o céu.

Eu sou um louco das palavras
Só me falta literatura para ser poeta
Não a quero, muito obrigado,
me deixe sangrar.

Ainda nem te pediram desculpas
E talvez nunca peçam.
Mas em seu coração, você já perdoou.
Isso é ganhar a guerra sem precisar lutar.

Quando o encanto se esclarece, acaba.
E se transforma,
Ou em admiração
Ou decepção.

Quando me dei conta de que "certeza" era coisa inventada
Abriram-se em mim todas as possibilidades do mundo!
Ok, estou livre, mas e agora? Quem sou eu?

Se você não der vazão aos sentimentos, eles vão se socando em algum lugar dentro de você!
E vão se misturando igual massinha de modelar,
até que viram uma **grande bolota cinza e sem sentido.**
Tente organizar os brinquedos dentro do seu coração, assim, você evita de pisar em uma pecinha de mágoa e machucar o pé.

p.s. Enquanto eu observava ele brincar.

Caminhada.

Minha alma flutua,

os meus passos são constantes

se confundem com o chão.

E eu estou acorrentado a tudo o que sou.

Quanto mais se é, mais se

deixa de ser.

Existe um euzinho dentro de mim.

Inseguro.

Indefeso.

Dramático.

Calma, euzinho, eu cuido de você,

sempre cuidei.

Eu mesmo sofro e eu mesmo me dou colo.

Ter certeza é fechar uma porta.
Mesmo sabendo disso,
Eu prefiro mesmo deixar algumas portas fechadas.
É muito frio lá fora.

Ansiedade por coisa pouca

Eu sou uma pessoa ansiosa, e os meus pensamentos ficam um atropelando o outro. Compromissos que eu tenho daqui a um mês, ou se o compromisso é amanhã, parece que isso vira um vulcão dentro de mim, e eu não paro de pensar, e eu fico pensando coisas que podem dar errado, fico fantasiando tragédias, é uma loucura. E isso acaba virando medo, acaba virando uma angústia dentro de mim.

Certo dia, eu entrei em um banheiro público para arrumar meu cabelo, e percebi que quando eu entrei tinha um menino, de aproximadamente nove anos, vestido com roupa de escolinha de futebol, meião, chuteira e tudo que tem direito. Ele estava lavando as mãos e eu estava me olhando no espelho, arrumando meu cabelo. Alguns segundos se passaram, eu terminei de me arrumar e fui em direção à saída. Foi quando o menino disse:

— Moço, você pode me ajudar?

— Claro! do que você está precisando? — respondi.

Ele me mostrou as palmas de suas mãos, e eu percebi que elas estavam bem manchadas com uma tinta vermelha, e ele disse:

— Eu não estou conseguindo tirar essa tinta das minhas mãos.

— Deixa eu tentar te ajudar.

Coloquei um pouco de sabonete nas minhas mãos e comecei a esfregar as dele contra a minha, e a tinta não saía! Eu passei água para tirar o sabonete, peguei alguns papéis-toalha e fiz um pouco mais de esforço para conseguir tirar aquela tinta... Tentativa inútil, nem descascava.

— Cara, o que você fez nessa sua mão para ela ficar assim? — perguntei.

Ele me respondeu um pouco irritado:

— Ah! Eu coloquei a mão em um lugar que estava com tinta, e aí ficou assim.

Neste momento, eu percebi que seus olhos estavam cheios de lágrimas e que ele estava com medo daquilo. Foi quando eu entendi o motivo de tal desespero. Ele estava achando que a tinta ia ficar em sua pele para sempre, porque ele já tinha tentado de tudo e a mancha não saía de suas mãos. Para acalmá-lo, eu disse:

— Meu, calma. Se essa tinta não sair hoje, sai amanhã. Se não sair amanhã, sai depois de amanhã... Você vai tomando banho e vai saindo.

Ele arregalou os olhos aliviado:

— Sério? Sai no banho?

— Sim cara, tranquilo, não precisa se preocupar. Agora, está duro de sair, mas amanhã, sai. Você vai tomar um banho e sai.

Ele me respondeu, finalizando a conversa:

— Nossa, ufa, eu achei que minha mão ia ficar assim para sempre.

E foi embora. Mais tranquilo.

E quando ele saiu, eu fiquei pensando sobre a ingenuidade daquele menino, que estava pirando, criando teorias mirabolantes de que aquela tinta iria ficar em suas mãos para sempre, e na verdade era um problema tão bobo. Tão fácil de ser resolvido.

E, pensando nisso, eu percebi uma coisa que mudou minha vida para sempre. Na verdade, esse menino sou eu. Eu que fico criando essas teorias, sou eu que fico criando fantasmas de problemas que são tão simples! E eu começo a pensar, a teorizar e mergulhar em coisas que podem dar errado e isso vira um monstro.

Eu consegui ajudar o menino mesmo sem limpar as mãos dele, porque o problema dele não era a tinta nas mãos, o problema dele estava em seu coração aflito. O fantasma que a gente cria das coisas é muito maior do que o problema real. Quando eu olhei para aquele menino, eu pensei que aquilo era coisa de criança, medo de criança, mas eu também estou cheio de coisa de adulto, medos de adulto. E no fundo, é tudo coisa da nossa cabeça. No fundo, isso sai amanhã, e se não sair amanhã, passa depois de amanhã. É tudo uma questão de ir tomando banho. O problema não é a tinta na nossa mão, o problema é a gente achar que a tinta não vai sair nunca mais, o problema está no nosso coração.

Olho ao meu redor e vejo as mesmas paredes de sempre.
Neste momento,
só eu existo,
num universo de vazio.

p.s. Insônia. Minhas expectativas não me
deixam dormir.

Falta de sentido
Excesso de sentido
Me confundo
Me afundo
Num buraco
Que é o mundo.

"Ou concursado ou dono do meu próprio negócio!"
exclamou. "E você, o que quer ser?"
"Poema", disse eu.
"Ou poema,
ou poeira."

p.s. Conversas que fantasio de madrugada.

Eu não sou o que sou.

Eu sou a tentativa de expressar o que sou.

Meu comportamento

É minha alma brincando de teatro.

Meu quarto é meu refúgio
mais perto de casa.

p.s. Eu precisava homenagear meu quarto.

Eu gosto da poesia que me faz odiá-la,
que é tão eu
que me dá raiva de ser.
É por isso que eu odeio poesia,
ela me deixa nu.

A moça que te atendeu na padaria
E colocou os cinco pães na sua sacola
Agora tem um pouco de você
E você um pouco dela
Para sempre.

Para construir a casa que tenho construído em mim,
eu precisei passar um longo período limpando
o terreno baldio
em que minha alma se encontrava.
Foram muitas carriolas de entulho jogado fora.
Como está sua construção?

p.s. Meus amigos me ajudaram muito.

Uma pessoa que tem as mesmas convicções
a vida inteira,
Na verdade nunca pensou
verdadeiramente naquilo.

"A camiseta branca que eu esqueci na sua casa foi a única coisa que restou de mim em você."
"Se você soubesse o quanto tem de você em mim, saberia que sou um pedacinho de você."

p.s. Conversa que tivemos uns meses depois.

Tem palavra que machuca de verdade
Entra pelos ouvidos e ecoa dentro da gente
Fica rebatendo no nosso peito
E não tem por onde sair.
Nesses momentos, abra a boca e fale que isso te magoou.
A boca é uma janela que as palavras têm para voar.
Se as janelas emperrarem,
Escreva.
As pontas dos dedos também costumam ser rotas de fuga para sentimentos intrusos.

Nossas bocas se desgrudaram

E voltamos à realidade da balada em que estávamos

Eu não sabia seu nome

E disse em seu ouvido:

"Esse não precisa ser nosso último beijo!"

E não fazia ideia de que essa frase mudaria minha vida.

Eu sinto falta de me derramar para você
em nossas longas conversas,
Você tinha acesso a lugares que só você conhecia em mim.
Agora, eu engulo em seco as novidades da minha vida.

p.s. Mensagens que escrevi, mas não enviei.

Terminar um namoro

é ruptura.

Desnamorar é um processo.

Os olhos dela eram como o céu noturno.
Quanto mais profundamente eu olhava
Mais estrelas apareciam.

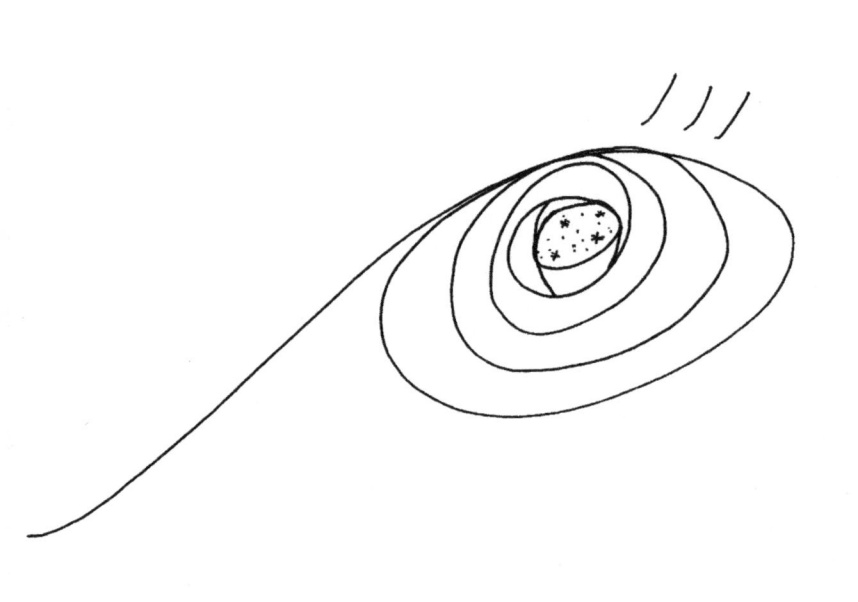

A única

alegria possível

é a que temos.

Se você decidiu
ser uma pessoa melhor,
**já começou
a conseguir.**

Eu evito definir o que sou.
**Mas estou bem certo
do que não quero ser.**

Ficar olhando o vaso com ansiedade
não faz a flor
nascer mais rápido.

Eu pensei que nunca mais teria dias felizes como aqueles.
Que minha intensidade havia ficado lá atrás.
**Mas a vida estava apenas apontando o lápis
para continuar escrevendo.**

p.s. Ainda bem.

Ela se acha um **mulherão da porra,**
e isso não tem nada a ver com arrogância,
ela apenas se deu conta
do que estava na cara
esse tempo todo.

Se renda!

O ataque de riso sempre vem no momento inoportuno, naqueles momentos sérios em que não podemos gargalhar.

E é impossível segurar um ataque de riso! É sempre a mesma história: quando você consegue segurar o riso, morde os lábios, fica com a cara vermelha, se lembra da situação e cai na risada de novo. Eu sou simplesmente apaixonado por essas situações, por ver uma pessoa tendo um ataque de riso enquanto fala em público, nada mais humano que isso!

É tão raro ter um, e conforme a gente vai crescendo, vai se tornando cada vez mais raro. Mas é tão bom chorar de rir, doer a barriga, se jogar no chão. A gente acalma de tudo, relaxa, dorme melhor, é como se reiniciássemos o coração. Deveria existir uma lei que garantisse às pessoas o direito de ter ataques súbitos de gargalhada sem serem mal avaliadas. Sem contar que ataque de riso é contagioso! Tente olhar para uma pessoa tendo um ataque desses, é impossível não rir junto.

Eu não gosto de estar em lugares onde gargalhar é considerado falta de educação. Se eu não puder rir, não poderei me ser. E se não puder me ser, o que estaria eu fazendo ali?

Agora, tem uma coisa me deixa inconformado, que é: **por que nós lutamos contra o ataque de riso?! Por que a gente tenta parar?** Eu acredito que estamos nos traindo quando lutamos contra um ataque de riso. A gente não luta com tanta vontade contra um ataque de choro, e nem devemos, mas, então, por que não nos permitimos gargalhar como nos permitimos chorar? Se entregar para a risada, mergulhar na histeria do momento.

Quanto mais o tempo passa, mais eu valorizo essas gargalhadas, sinto que chegam para mim como presentes do céu. Ataque de riso é uma benção.

Lembre-se: da próxima vez que tiver um ataque de riso, não lute contra ele, se entregue! Gozar e ter um ataque de riso são as duas formas mais gostosas de se presentear.

Se a verdade é frágil,
Tem que ver se é tão verdadeira assim.

Se não existe o vazio,
Então, o que estou sentindo?

No meio de uma conversa
eu estava rindo de meus medos
e senti que naquele momento
eu comecei a vencê-los.

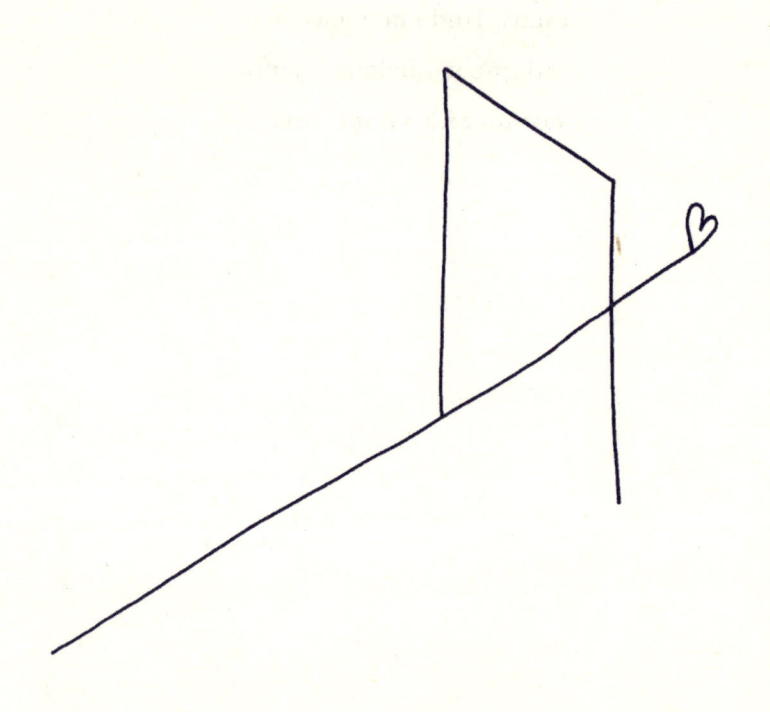

Entender meu coração
muitas vezes é como caminhar em um quarto escuro,
tateando os móveis
tentando adivinhar os objetos que estou tocando
com delicadeza,
concentração,
receio,
e medo de quebrar.

Este instante?
Não sei o que é isso, não.
Minha história está escorrendo em meu rosto
E meu coração só bate pelo futuro.
**Eu sou um mar agitado entre passados
e expectativas.**

Na época de escola

eu pedia para ir ao banheiro mesmo sem vontade,

apenas para caminhar e respirar ar puro.

Queria sair daquele ambiente pesado da sala de aula.

Acho que faço isso ainda hoje,

Às vezes passando em padarias

Às vezes me perdendo em festas

Mas só para não explodir

e ser mandado para a **diretoria**.

Eu escrevo porque as **ideias** são mais importantes do que eu.
Eu leio porque **eu** sou mais importante que as ideias.

A partir de hoje:
Só quero querer
quem de fato
me quer.

Compreende o paradoxo de sua existência
Entre o desespero de quem te amava e a indiferença de seu coveiro.

A gente vê o mundo com o mesmo olhar
**e não existe conexão
maior que essa.**

Foi especial quando começamos a ter
piadas internas.
Eu me encantei pelo seu
senso de amor.

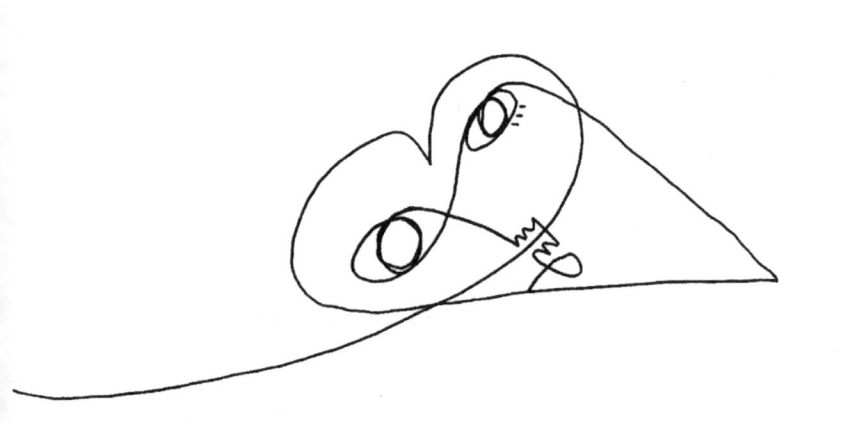

Você é tão oceano
Que suas lágrimas
Têm gosto de mar.

p.s. Quando beijei seus
olhinhos molhados.

Confessou:

"Eu tenho um mundinho só meu na minha cabeça."

E foi a primeira vez
que eu quis ser astronauta.

Está tão apaixonada
Que agora não consegue se ver com outra pessoa
além **dela mesma**.

Para mudar,
você só precisa pegar uma **autorização**
consigo mesmo.

O que a pessoa fala não me interessa tanto.

O que eu ouço é o que ela **quis dizer**.

O que está por trás do que foi dito me interessa mais.

Minha interpretação das coisas é sempre

"o que ela queria que eu sentisse

quando disse aquilo."

Existe sempre um "porque disse"

antes do que se diz.

Se você está triste

Não precisa ficar mais triste por estar triste.

Tudo bem ficar assim

às vezes.

Para sentir a liberdade
Você precisa relaxar
Soltar os ombros
Fechar os olhos
E respirar fundo.
Levemente me fiz livre
E **livremente me fiz**.

Tem dias que eu acordo bem
Tem dias que eu acordo mal
O que eu posso fazer?

Se você soubesse o poder de suas palavras
Sairia distribuindo elogios
Como quem entrega panfletos.
E nunca mais diria coisas do tipo
"Eu preferia você do outro jeito."

Eu olhava para o copo de cerveja
Que esquentava em minha mão
As pessoas ao meu redor festavam num ritmo mais alegre que o meu.
"Então, a vida é isso?"
"É isso mesmo. **A vida é exatamente isso.**"

p.s. As famosas crises de quando bebo um pouco.

Tem presença leve,

e não é por ser leve

que passa desapercebida.

Pelo contrário,

quando chega nos lugares

ilumina o ambiente inteiro.

p.s. Quanto te vi chegar.

A minha insegurança é tanta,
que quando tenho uma boa ideia
não consigo sentir o mérito,
sinto que copiei a ideia de alguém
que mora dentro de mim.

Eu estou o tempo todo escrevendo.
Mas só as vezes
passo para o papel.

Chamar uma pessoa de burra
é a maior das covardias.
Porque você não está ferindo uma coisa que se possa avaliar
Na verdade, você está atingindo o modo como a pessoa se vê
E o modo como a pessoa se vê
É tudo o que ela tem.

p.s. Coisas que escrevi com lágrimas nos olhos.

Quando uma poesia

Toca você

Não te faz avançar

Te faz retornar.

O domínio pleno de algo
Não é aquele que exclui o erro.
Mas aquele que se permite errar vez ou outra
Sem perder o controle.

Elogia
até se certificar de que a pessoa acredita ser
quem realmente é.

Quando você me abraça
E fica
Sinto sua alma visitando a minha
E entrando para tomar um café

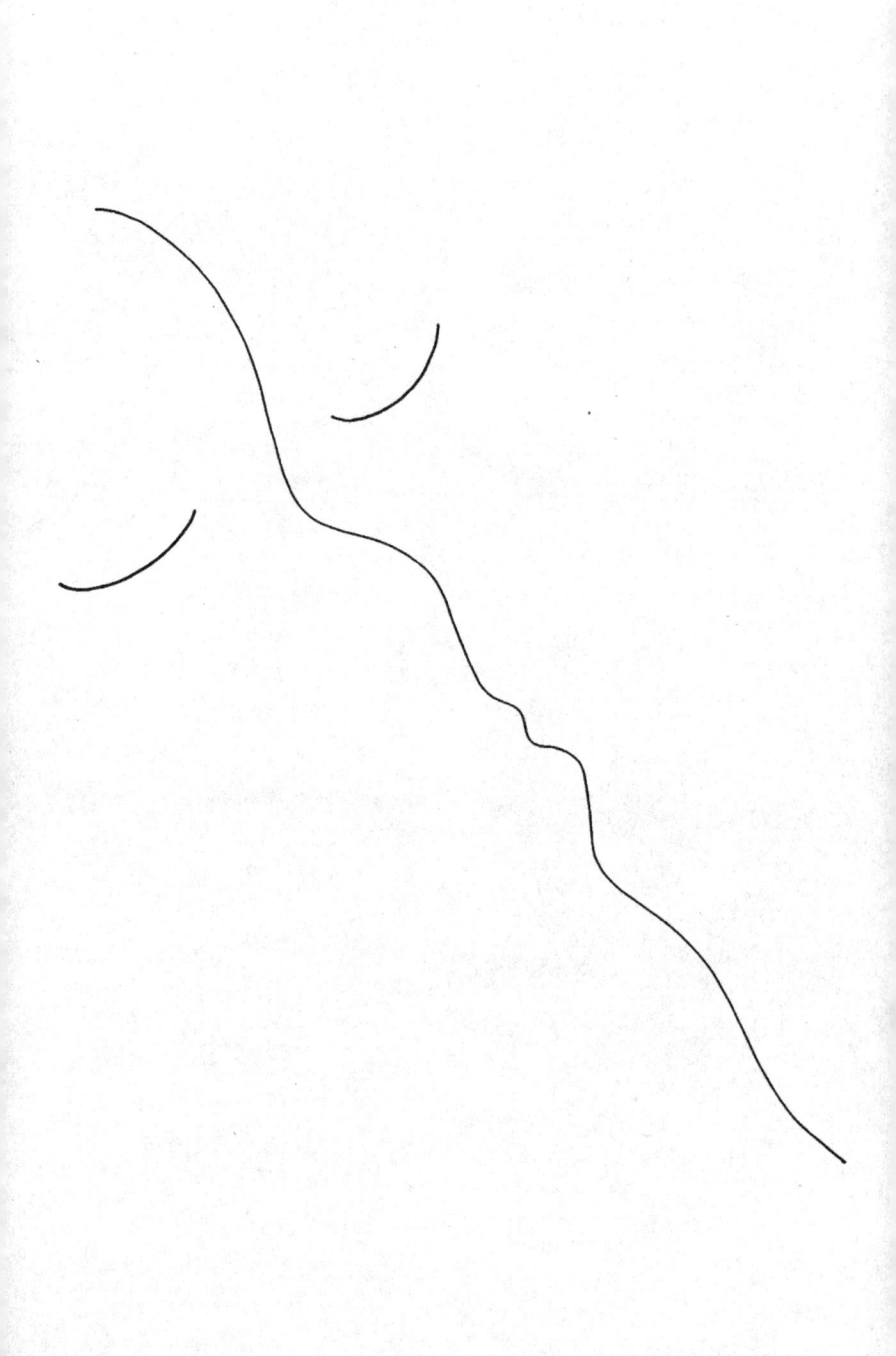

O mistério fez a vida porque queria
exemplificar-se.

Se a mesma coisa pode ser dita
de mil maneiras,
por que não escolher a mais gentil?

Todo gesto de amor

tem o poder de transformar o mundo todo.

Mesmo que seja o mundo todo

De uma só pessoa.

Entre uma amizade

Sempre tem a pessoa que é a mais amiga

A que manda mensagem,

que pergunta,

que vai atrás.

Se você tem alguém assim,

tente superá-lo.

Seu olhar carinhoso me desarmou.
E eu que sempre me protegi tanto
Me entreguei quando **deixei minha boca visitar seu sorriso.**
E esse foi o lugar mais seguro em que eu já estive.

O silêncio é transformador.
Não porque ele tenha poderes sobrenaturais
ou algo do tipo.
Mas porque no fundo
e silenciosamente
O silêncio é você.

A minha insegurança é tanta
que, quando eu morrer,
vou procurar a vida
para pedir **desculpa**.

Desde que foi embora
Eu não ligo mais para você
Não ligo se cortou o cabelo
Não ligo se foi viajar
Não ligo se está bem ou não.
E repito isso todos os dias
Para tentar acreditar.

Eu ainda não acredito
Que sua ausência é verdade

Se apaixonar já trouxe tanta dor de cabeça
Que quando lemos um poema de amor
E a paixão resolve entrar em cena dentro da gente
Todos os outros sentimentos viram os olhos
E fazem cara de **"aff"**

Torre de Babel

Todo mundo fala alguma língua. Até os mudos têm sua forma de dialogar. Do mesmo modo, eu acredito que todo mundo ama, mas existem formas diferentes de sentir, demonstrar e perceber o amor, e nem sempre os amores conseguem se comunicar.

Às vezes, pessoas não dão certo, não porque não se amavam, mas porque amavam em **dialetos diferentes.** Eram estrangeiros um para o outro. O que para um era uma demonstração de amor, para o outro não tinha valor. Um ama com presentes, o outro, com elogios. Um ama com serviço, o outro, com presença. Um ama com o toque, o outro, com surpresas. O fato é que todo mundo ama de alguma forma, mas nem sempre conseguimos perceber isso.

Mas que isso não sirva de justificativa para você ficar em um relacionamento onde não há demonstrações de afeto, afinal, todo mundo ama em alguma língua, mas a gente percebe quando uma pessoa não está a fim de conversar.

Encontrar alguém que ame na mesma língua que a gente é sempre uma delícia, em todos os sentidos que essa afirmação possa ter.

Eu mais me sou na arte.
Enquanto faço arte, plenamente existo.
Ser artista é fácil
Difícil é ser normal.
Eu sou minha arte
E minha arte me é.

A gente nunca precisou de muito para se divertir.
Se não tem carro, a gente vai a pé.
Se não tem dinheiro, a gente come em casa mesmo.
Se não tem tempo, a gente se vê rapidinho.
Para mim, "dia útil" é o que eu passo com você.
Você eterniza uma hora pequena
E faz uma simples ida na feira
Fazer a vida
Valer a pena.

E usando roupa ridícula, própria do frio,
Combinando cores que não combinam
Permaneço no instante, mas na vida também.
À espera de que o leite ferva,
Que a chuva caia,
Que o mundo acabe.
O tempo já nem é mais tempo
E eu só continuo escrevendo
Porque a tinta da caneta é azul,
E eu adoro azul.
Nos falta tão pouco para ser feliz,
Quase nada,
Só não sabemos o que é.

O amor é tão óbvio
que não tem definição.

Sem ti
Senti-me
Sem sentido
Sentimento?
Senti medo
Sentado
Sem te ter
Ao meu lado.

Gente profunda
Às vezes afunda
**Na própria
Imensidão.**

Para ver a Poesia no mundo
Faltei no Trabalho
Ganhei um dia de vida
Perdi um dia de salário.

Ela é linda da cabeça à canela
(Só o pé que é meio esquisito)

Sempre que eu estou com alguém

Eu me sinto vulnerável

E eu tenho um constante sentimento de estar sendo avaliado

Em cada palavra

Cada gesto

Por mais informal que seja a relação

Isso é sinal de uma insegurança que vive silenciosa dentro de mim

E que eu alimento com minhas paranoias e imaginação fértil

Eu preparo um repertório de falas que neutraliza uma avaliação moral a meu respeito

E **a minha simpatia esconde um medo enorme de ser julgado**

E eu só encontro refúgio na solidão

E na solidão específica do meu quarto

Estar sozinho é estar seguro

Se abrir é estar vulnerável

Ao olhar estranho do outro.

E quando o rolê acaba,

E só quando o rolê acaba

O meu refúgio sou eu

Só eu

O meu vilão são os outros

Ainda que os outros sejam ideias

Que **só existem dentro de mim**.

As pessoas só conhecem sua praia.

Mas quem ela permite se aventurar no oceano que é

Descobre as **lindas tempestades**

De seu imenso mar.

O sentido da arte
O sentido da poesia
É o sentido da vida
É dar sentido para a vida de alguém.

Ironia,
Eu que sempre falei mal da rotina
Hoje quero te ver
Todo dia.

Quem perde é ele,
que não soube dar valor,
porque **uma rosa sozinha
sempre atrai beija-flor.**

Tenho pessoas.
Mas dentro de mim
Eu estou só.

Se você está passando por uma transição

Saindo de uma fase

E entrando em outra

Saiba que é sempre difícil no começo

Pode dar medo, insegurança.

Mas é assim mesmo

Daqui um tempo você vai estar lidando tranquilamente

Com essa nova fase da sua vida.

Você vai conhecer essa nova "versão de você"

E se apaixonar por ela.

Acalma o coração.

Percebi que era amor
**quando começou
a usar minhas gírias**

Quando a ansiedade passa

É como se a neblina fosse embora pelo sol

E eu posso finalmente ver as **coisas boas** que estavam ali o tempo todo.

Se alguém te admitir que é inseguro
Dê atenção.

Não ouça como se a pessoa estivesse apenas puxando um assunto qualquer.

Ela pode ter juntado **tudo o que restou de coragem** para assumir isso para você.

Eu levemente a observava na festa. Ela estava contando alguma história para a melhor amiga. Elas gargalhavam juntas. Eu não conseguia ouvir a história, e nem queria. Mas aqueles olhos arregalados, a animação e o modo que ela gesticulava, me fizeram ter uma profunda curiosidade no que se passava naquele coração. Eu queria conhecer esse entusiasmo dela, eu queria fazer parte da história que ela contava, eu queria ser aquela melhor amiga. Mas **eu nunca vi essa menina na minha vida.**

Meu coração é o conflito entre meus compromissos e minhas justificativas para não cumpri-los.
Eu sempre sinto que deveria estar fazendo.
E aí eu não faço porque deveria ter feito
e não fiz porque faria.
Meu tempo é atropelo.
Eu preciso me organizar.
Mas quando junto as folhas da calçada
O vento vem e bagunça tudo de novo.

Eu já disse palavras ruins para pessoas que eu amava.

E foi como beber uma dose amarga de bebida.

Tudo em mim amargou.

Ainda bem que existe o perdão.

Pedir desculpa é tomar um copo de leite para tirar o gosto amargo da alma.

Faz algumas semanas que eu não converso com ninguém. Talvez meses. Eu ouvi, é verdade. Ouvi, falei, ouvi, falei. Mas não pude de fato conversar. Eu fiz reuniões, saí para beber, fiz amor, e ainda não consegui me derramar. Todo mundo fala, mas ninguém se ouve. É só roteiro de fala. **Eu queria ter alguém para conversar,** e que nossas falas pudessem dançar. Uma conversa que tenha palavra, olho, boca, riso, interesse, sonho, reconhecimento...

Talvez seja porque eu estou em uma festa neste exato momento, e enquanto as pessoas estão rindo e trocando olhares, eu estou no canto, observando, bebendo cerveja e escrevendo um texto sobre conversar no bloco de notas do meu celular.

Eu devo ser um chato.

Às vezes olho para trás
e consigo me ver na terceira pessoa:
Aquele eu.
Aquela versão de mim,
Naquele contexto,
Com aquela maturidade.
Sinto uma profunda empatia por todas as mudanças
que passei.
E imagino como me verei quando tentar me lembrar
De como sou hoje.

p.s. Será que vou olhar as fotos de hoje e achar
meu cabelo engraçado?

Se você me entende
Por favor, **me explica.**

Às vezes eu flutuo
Às vezes eu afundo.
Meus pés raramente estão no chão.

Eu quero amigos que me chamem pra beber um copo de "Vai dar tudo certo".
Todos os dias eu tenho sede
De **positividade.**

É bom que **a pessoa mais importante da sua vida**
Saiba que ocupa essa posição.
É uma honraria muito grande
Para você esconder
Por vergonha.

Ei, menina,
Acalma esse seu coração
Respira
Porque tem uma flor em cada esquina
E os seus problemas vão passar pela manhã.
E se a vida por um acaso resolver sofrida
E se quiser permanecer ferida
Como uma noite que insiste em não passar
Como o orvalho, que seca tudo em seu primeiro raio
E o Sol que sempre faz o seu trabalho
De aquecer o coração que acordou
Seu sorriso
É o que me faz lembrar que a nossa vida
É muito mais que uma mera corrida
Em que um sempre vai ganhar
Para o outro perder
No meu colo
Eu te coloco para que a alma aflita
Perceba que a vida é mais bonita
Quando seus olhos fechadinhos
Cafuné.

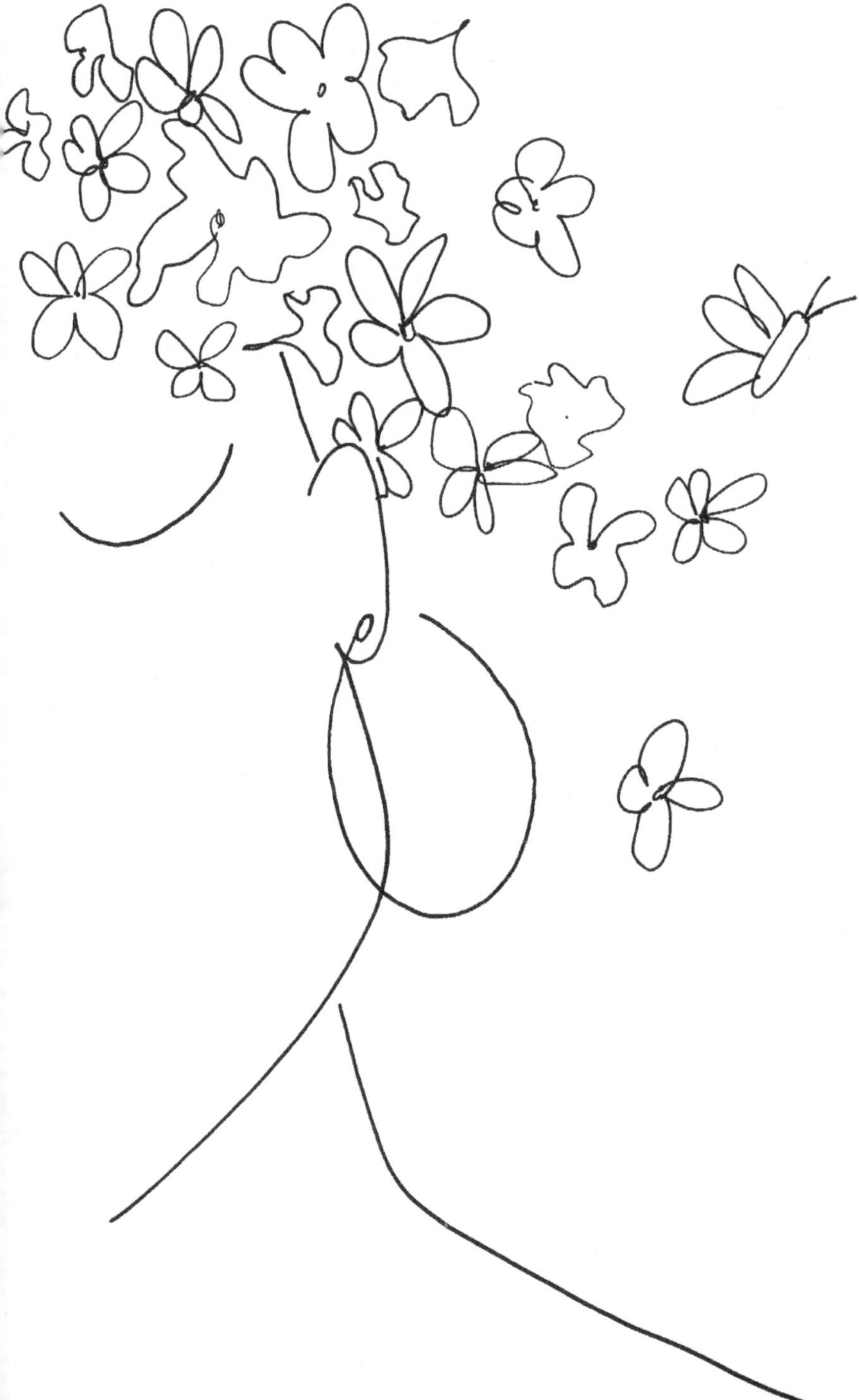

Quanto mais rígido

Mais difícil de movimentar.

Se deixe fluir.

Se derrame feito água.

O vento viaja o mundo e nunca se quebra.

Mais forte é

Quanto mais resiliente.

Esta poesia eu dedico a mim mesmo, com a certeza que serei correspondido.

Primeiramente, obrigado por não se abandonar, obrigado por aceitar nosso coração confuso, por respirar fundo, por todas as vezes que se olhou no espelho com os olhos vermelhos e não desistiu.

Obrigado por lutar contra aqueles que tentaram nos dizer o que é a verdade quando estávamos no chão.

Obrigado por se abraçar todas as noites e dizer "calma" para si mesmo.

Cada dia que passa, eu sinto que consigo te entender melhor, os nossos sentimentos, nossas inseguranças, nossos defeitos, nossos medos.

Obrigado pela paciência de lidar com nossas várias fases.

Muita gente passou pela nossa vida, mas a gente continua aqui, com cada vez mais histórias pra contar...

O amor próprio é nosso primeiro amor recíproco, e eu estou cada vez mais apaixonado pela nossa história.

Obrigado, **eu nunca vou me abandonar.**

Minha arte é a herança que eu deixo para o mundo.

Copyright © Pedro Salomão, 2018
Copyright © Editora Planeta do Brasil, 2018.
Todos os direitos reservados

Preparação: Laura Folgueira
Revisão: Rebeca Michelotti
Diagramação e projeto gráfico: Marcela Badolatto
Ilustração: Mariana Santiago
Capa: André Stefanini
Imagem de capa: Sporochnus Cabreae, Anna Atkins / Rijksmuseum

DADOS INTERNACIONAIS DE CATALOGAÇÃO NA PUBLICAÇÃO (CIP)
ANGÉLICA ILACQUA CRB-8/7057

Salomão, Pedro
  Eu tenho sérios poemas mentais / Pedro Salomão. – São Paulo: Planeta, 2018.
  192 p.

  ISBN: 978-85-422-1426-0

  1. Poesia brasileira I. Título

18-1474   CDD B869.1

MISTO
Papel | Apoiando o manejo florestal responsável
FSC® C005648
www.fsc.org

Ao escolher este livro, você está apoiando o manejo responsável das florestas do mundo e outras fontes controladas

**Acreditamos
nos livros**

Este livro foi composto em Baskerville e impresso pela Gráfica Santa Marta para a Editora Planeta do Brasil em novembro de 2024.

2024
Todos os direitos desta edição reservados à
EDITORA PLANETA DO BRASIL LTDA.
Rua Bela Cintra, 986 – 4º andar
01415-002 – Consolação – São Paulo-SP
www.planetadelivros.com.br
faleconosco@editoraplaneta.com.br